AF263781

# Donatien YVONNEAU

# Contribution à l'Histoire
## DE L'ANNÉE TERRIBLE

Collision de trains près Tours en 1870
Curieuse découverte dans un cimetière douze ans après
Le dernier jour d'un Empire
Les courriers de l'Impérarice Eugénie
Les bijoux de Sa Majesté

CHEZ L'AUTEUR
Bordeaux, Rue Desse, 51

TONNEINS
IMPRIMERIE OUVRIÈRE
RUE GAMBETTA & RUE BIREFRED

1910

# CONTRIBUTION A L'HISTOIRE

## DE

## L'ANNÉE TERRIBLE

A

# Monsieur et Madame S. d'ALCHÉ,

*Très Affectueusement.*

Miramont (L.-&-G.), mars 1905

**D. Y.**

Donatien **YVONNEAU**

❦ ❦ ❦

# CONTRIBUTION A L'HISTOIRE

## DE

# L'ANNÉE TERRIBLE

❦ ❦ ❦

Collision de Trains près Tours en 1870
Curieuse découverte dans un cimetière douze ans après
Le dernier jour d'un Empire
Les Courriers de l'Impératrice Eugénie
Les Bijoux de Sa Majesté

❦ ❦ ❦

## PRIX : 0'50

═ CHEZ L'AUTEUR ═
Bordeaux, Rue Desse, 51

TONNEINS
IMPRIMERIE OUVRIÉRE
RUE GAMBETTA & RUE BIREFRED
—
1910

L'Impératrice EUGÉNIE, par Winterhalter (1857).

# CONTRIBUTION A L'HISTOIRE

## DE

## L'ANNÉE TERRIBLE

---

**Collision de trains près Tours en 1870. — Curieuse découverte dans un cimetière douze ans après. — Le dernier jour d'un empire. — Les courriers de l'Impératrice Eugénie. — Les bijoux de Sa Majesté.**

Dans l'après-midi du mardi 20 septembre 1870, une note de la Direction des chemins de fer (1) apprenait à la ville de Tours — alors capitale intérimaire de la France (2) — qu'une grave collision de trains s'était produite à Saint-François, en vue de ce château du Plessis déjà si fameux par le souvenir de Louis XI.

Conséquence : le train parti du Mans vers 2 heures du

(1) Voici cette note :

« Ce matin, vers minuit un quart, le train 70 de la ligne de Vendôme, arrêté au disque de la bifurcation des lignes de Nantes et du Mans, a été heurté à l'arrière par un train spécial de troupes venant du Mans, conduit par deux machines.

« La première machine du train spécial a brisé les deux derniers wagons du train 70.

« Dix voyageurs ont été tués ; quinze à vingt autres sont blessés ou contusionnés.

« Le service a été rétabli de suite en voie unique, et à dix heures du matin en double voie. »

(2) C'est par décret du 12 septembre 1870 que Crémieux, ministre de la Justice, fut délégué par ses collègues à Tours pour représenter, en province, le Gouvernement de la Défense nationale et c'est par décret du 8 décembre que le même Crémieux, se dérobant devant l'ennemi vainqueur, transporta les services de la Délégation à Bordeaux. Gambetta arrivé à Tours le dimanche 9 octobre à midi, quitta définitivement cette ville le 11 décembre.

matin — train qui portait Thiers, retour de sa patriotique mission à Londres (1), et aussi (on peut le dire en toute vérité) la fortune de notre malheureux pays — restait, par suite du bouleversement de la voie, en panne à Mettray (2), et l'illustre homme d'Etat pour lequel les moindres instants étaient alors si précieux, n'atteignait Tours qu'à 6 heures, dans une modeste voiture.

Mais les tribulations de celui qui, le premier, fut président de notre Troisième République sont connues.

C'est une autre histoire que nous voulons conter.

*
* *

D'abord, comment la collision avait-elle eu lieu ?

Dans la tragique nuit du 19 au 20 septembre, les voies ferrées qui mènent à Tours se trouvant encombrées par suite du mouvement extraordinaire occasionné par les envois de troupes, une dizaine de trains stationnaient dans la banlieue, attendant que l'entrée en gare, un cul-de-sac fort dangereux, fut libre.

Le train 70, venu de Dourdan (3), se trouvait au disque de la bifurcation des lignes de Tours et du Mans. Dernier arrivé, il était, à défaut de pétards, couvert à

(1) On sait que Thiers avait accepté du Gouvernement une mission près des cours d'Angleterre, d'Autriche et de Russie pour tâcher de faire conclure, par la médiation de ces trois puissances, un armistice honorable entre les belligérants.

(2) A 8 kilomètres au nord de Tours. Colonie agricole et pénitencière pour les jeunes détenus.

(3) « L'investissement de Paris, commencé le 13 septembre, fut achevé en six jours. Le 17, toute communication était interrompue sur les lignes de Vendôme et d'Orléans ; enfin, dans la nuit du 18 au 19, la ligne de Bretagne fut occupée la dernière, après le passage du train parti de la gare Montparnasse, à neuf heures et demie. » (Chevalier, Tours-Capitale, page 47). Sur la ligne Tours-Paris par Vendôme, les trains, depuis le 17, ne partaient plus que de Dourdan (à 60 kil. de Paris).

plus de 500 mètres par son garde-freins (1) qui, muni d'une lanterne, faisait les signaux d'arrêt en usage.

Mais un convoi spécial, lancé non pas du Mans, (comme l'affirmait la note officielle) mais aussi de Dourdan, et composé de 47 voitures remorquées par deux locomotives, passa sans voir et, quelques secondes après, se rua à une vitesse de 50 kilomètres sur le précédent.

Il était environ minuit et demi.

Le choc fut terrible et le désordre indescriptible.

Des deux derniers wagons presque anéantis du train télescopé, on retira 33 victimes : 23 blessés dont on citait les noms et 10 morts dont 4 demeuraient inconnus (2). Aucun voyageur du train meurtrier n'avait souffert.

(1) M. Kintz. La plupart des détails contenus dans notre étude nous ont été fournis par cet honnête homme, aujourd'hui décédé, à qui nous regrettons vivement d'adresser, ici, des remerciements qu'il ne pourra plus entendre.

(2) Voici, d'après le journal *L'Union Libérale* (N° 220, du mardi soir 20 septembre 1870), la liste complète des blessés et des morts :

### Blessés recueillis a l'Ambulance de Beaumont

1. Cacaud, Louis, âgé de 29 ans, marié ;
2. Chansard, Antoine, âgé de 41 ans, marié et père de quatre enfants ;
3. Peuraud, Paul, âgé de 20 ans, chauffeur au chemin de fer de Lyon, né et domicilié à Milly (Seine-et-Oise) ;
4. Simonneau, Henri, âgé de 21 ans, scieur de long, domicilié à Tours, rue des Cognées, 14 ;
5. Thomas, Auguste, âgé de 30 ans, marié, né à Pazanne (Loire-Inférieure).

### Blessés recueillis a l'Hospice général de Tours

6. Barré, Marie, épouse de Joseph-Marc Dejauze, domiciliée à Maincourt (Seine-et-Oise) ;
7. Bazard, Désirée, 6 ans, domiciliée à Auffargis (Seine-et-Oise), fille de Eugène Bazard, rentier, et de Euphrasie Boissy ;
8. Femme Bonvalot, née Farou (en Angleterre), domiciliée à St-Cloud, rue de la Paix, 4 ;
9. Dubois, Louis, âgé de 40 ans, bijoutier ;
10. Dubois, Anna, née Ponroy, à Paris, âgée de 28 ans ;
11. Dubois Isidore, 5 ans et demi, né à Paris ;
12. Dubois, Pierre, 2 ans, né à Paris ;
13. Durault, Eugénie, 15 ans, née à Auffargis (Seine-et-Oise) :
14. Duval, Stéphanie, née à Massay (Cher) ;
15. Veuve de Fabry, née de Bardelin à Saint-Germain (Seine-et-Oise), domiciliée à St-Cloud, rue de la Paix, 4 ;
16. Grasset, Marie-Clémence, 13 ans, né à La Chapelle-Basloue (Creuse), domiciliée à Rambouillet, rue de l'Etat, 2 ;

Les journaux de la localité, *Le Journal d'Indre-et-Loire*, *l'Union libérale*, rapportèrent la catastrophe quasiment sans détails et sans commentaires.

Cela constituait un « fait divers » bien vulgaire au milieu de tant d'autres événements.

Qu'était-ce, en effet, que cet accident au lendemain de la capitulation de Sedan ? à la veille de la capitulation de Metz ? (1)

17. Laforest, Paul, âgé de 39 ans, né et domicilié à La Chapelle-Basloue (Creuse) :

18. Laporte, Emile-Julien, âgé de 31 ans, jardinier, né et domicilié à Janvry (Seine-et-Oise) ;

19. Lebrun, Jules-Louis, âgé de 24 ans, né et domicilié à Auffargis (Seine-et-Oise) ;

20. Femme Lebrun, née Joséphine-Olive Durault, 18 ans, née et domiciliée à Auffargis (Seine-et-Oise) ;

21. Marié, Hortense, 18 ans, née et domiciliée à Chartres ;

22. Pouzeau, Léonard, âgé de 46 ans, maçon, né à Mazeiras (Creuse), domicilié à Châteaurenault, chez M. Jacques Ambrogi, maçon ;

23. Villard, Camille, âgé de 18 ans, né à Vinay (Isère), domicilié à Arpajon (Seine-et-Oise), horloger.

### Morts déposés a l'Hospice général

24. Boisy, Euphrasie, femme de Eugène Bazard, rentier, demeurant à Auffargis (Seine-et-Oise) ;

25. Bouzat, Anne, femme Caco, demeurant à Linas (Seine-et-Oise) ;

26. Duval, Jules, homme de lettres, rédacteur au *Journal des Débats ;*

27. Loyau, René, scieur de long, marié, demeurant à Tours, rue des Anges, 25 ;

28. Pouzaud, Claude, ouvrier maçon, demeurant à Mazeiras (Creuse), ayant résidé chez Madame Gautier, rue Grécourt, à Tours ;

29. Renard, Jean-Apollinaire, de Palaiseau (Seine-et-Oise) ;

Et quatre inconnus :

30. Une femme, jupe à carreaux verts, caraco marron, 45 ans à peu près, une lettre en allemand et 2 francs 8 centimes dans sa poche, une paire de boucles d'oreilles, une bague, deux frileuses en laine, un paquet de clefs ;

31. Un homme de 50 ans environ, pantalon de drap gris, gilet bleu foncé, blouse grise, porteur de deux bulletins de chemin de fer pris à Auneau, avec bulletin de bagages pour 15 kilos et un petit sac contenant 6 francs 55 centimes ;

32. Un homme, pantalon de drap gris clair, blouse claire, linge marqué C. C., gilet de drap gris clair, un sac de toile avec 37 francs 55 centimes ;

33. Une femme, linge marqué M. C., jupon noir, deux alliances en or, une bague en cornaline, une montre en argent n° 2187, un porte-monnaie en cuir noir avec 9 francs 65 centimes.

(1) La capitulation de Sedan date du 2 septembre, celle de Metz du 27 octobre.

Le blocus de Paris, complet depuis 24 heures à peine, donnait, d'ailleurs, aux Tourangeaux d'autres soucis ; et l'arrivée de Thiers, son entretien immédiat avec lord Lyons et le prince de Metternich, respectivement ambassadeurs d'Angleterre et d'Autriche, et son départ précipité (1) pour Vienne et Saint-Pétersbourg, avaient une autre importance, offraient une plus grande attraction, donnaient de plus sérieuses préoccupations.

Les victimes de la collision furent inhumées au cimetière de La Salle, plateau de Saint-Symphorien, et, la cérémonie terminée, rien, certes, ne permettait de soupçonner que la paix de leurs cendres serait, un jour, troublée par autre chose que la trompette du jugement dernier et que « ce je ne sais quoi qui n'a plus de nom dans aucune langue » recélait un mystère !

⁂

Or, en 1882, soit douze ans après, des terrassiers occupés (dans la funèbre nécropole de La Salle et, sans le savoir, sur les lieux mêmes où reposaient les morts du 20 septembre 1870)... occupés à des fouilles nécessitées par l'établissement d'un réservoir, exhumaient plusieurs squelettes humains, et, du cou de l'un d'eux, auquel elle semblait avoir été attachée, tombait en poussière de rouille une boîte cylindrique en fer blanc semblable aux étuis dans lesquels les troupiers libérés du Second Empire enfermaient leur congé, en même temps qu'apparaissaient deux papiers évidemment échappés de cette boîte.

Grâce à l'entrepreneur des travaux (2), qui les avait

(1) Thiers, en effet, continua son voyage après quelques heures d'arrêt seulement.

(2) M. Paul Serre, ancien employé des chemins de fer d'Orléans, alors entrepreneur de plomberie et zinguerie.

recueillis et religieusement conservés, nous avons eu la bonne fortune de posséder ces documents ou, pour mieux dire, ces manuscrits. Déchiquetés, incomplets par endroits et comme maculés de sang et d'eau, ils n'étaient guère lisibles.

Mais la photographie les a rendus facilement déchiffrables.

Par la reproduction et par la traduction que nous en donnons, on pourra se convaincre que cette découverte, toute de hazard et d'apparence banale, offre, au point de vue historique, de l'intérêt sinon quelque importance.

---

# PREMIER DOCUMENT

## TEXTE RÉTABLI.

Paris, 4 Setiembre 1870.

Querida Mama,

Segun telegrama de aviso N° de orden 528 sale hoy D. Eugenio Cuzac con la 5ª Espedicion.

A sa llegada y examinado los *pode* res con el Inventario que es port*ador* puede contestarme M. N. R.

Despues *de alguno* descan*so*, desp*edi*da al portador para igual dest*ino*.

Nada puedo añadir à X. Y.

Ruegne V. à Dios por la *jugada* y por la suerte de mi Esposo, de *Luis* y vuestra entranable hija.

EUGENIA.

## TRADUCTION.

Paris, 4 septembre 1870.

Chère Maman,

Selon télégramme d'avis n° d'
ordre 528 part aujourd'hui don Eugène Cuzac
avec la 5° expédition.
A son arrivée et ayant examiné les pouvoirs avec l'inventaire dont il est porteur
il peut me répondre M. N. R.
Après quelque repos, adieu
au porteur en vue d'une identique occupation.
Rien ne puis ajouter à X. Y.
Priez Dieu pour le coup au jeu
et pour le coup de fortune de mon époux, de Louis
et de votre affectionnée fille

EUGÉNIE.

---

# DEUXIÈME DOCUMENT

*(La reproduction de ce document n'est pas assez nette
pour être donnée).*

## TEXTE RÉTABLI.



R*elatio*n des objets que contient la caisse
remi*se à Mo*nsieur Eugène Cuzac d'ordre de
S. M. l'*Impé*ratrice pour qu'il la transporte à Madrid chez M*me* la Comtesse d*e* Montijo.

*brillan*ts, perles *et* émeraudes avec un
portant *les initia*les L. N.
deux bou*cles d'oreil*les et une broche
et un porte crayo*n hom*mage de S. M.

de brillants, souvenir de S. *M.*
l'*Empereur* de Russie.
Qua*tre* Cent mille francs en billets de ba*nque.*
L*e tou*t r*e*présentant la somme de hu*it cent mille*
fra*nc*s.

Paris, le 4 septem*bre 1870.*

Ainsi, de ces deux documents, le premier était une
lettre. Cette lettre, sur velin, portait le chiffre personnel
de l'Impératrice des Français — E de G..., Eugénie de
Guzman (1) — surmonté de la couronne impériale.

(1) *L'Almanach royal d'Espagne* nous confirme que Eugénie de
Montijo, comtesse de Téba, épouse de l'Empereur Napoléon III, avait,
de par sa naissance, le droit de porter les noms de Guzman, de Fernandez, de Cordova, de La Cerda et de Leyva, qui se rattachent aux
pages les plus glorieuses de la monarchie espagnole.
Le registre de l'état-civil qui contient l'acte de mariage de l'Empereur Napoléon III et de Mademoiselle de Montijo donne comme suit les
noms et qualités de l'Impératrice : ... « Marie-Eugénie Guzman y Pala-
fox Fernandez de Cordova, Leyva y la Cerda, comtesse de Teba, de
Banos, de Mora, de Santa-Cruz, de la Sierra, marquise de Moya de
Ardales de Osera, vicomtesse de la Calzada, etc., grande d'Espagne de
première classe, née à Grenade, le 5 mai 1826. »

Ecrite en langue espagnole par quelque confidente, elle avait été signée, d'une main nette et fine, par la souveraine elle-même. Elle annonçait à Madame la comtesse de Montijo, mère de Sa Majesté, en résidence à Madrid, le départ de Paris de M. Eugène Cuzac avec une « cinquième expédition » d'objets précieux et de valeurs diverses.

L'autre document, au timbre de la Chancellerie, était un inventaire. Rédigé en français, il détaillait le contenu de l' « expédition. »

Le tout, daté du 4 septembre 1870 !

* * *

La veille, le samedi 3 septembre, vers cinq heures du soir, aux Tuileries, la Régente (1) avait reçu de l'Empereur la nouvelle officielle du désastre de Sedan (2) : son mari captif, son fils détrôné avant d'avoir régné, l'armée française anéantie et prisonnière !

A dix heures vingt-cinq, M. Chevreau, ministre de l'Intérieur, avait télégraphié ce « grand malheur » aux préfets.

Réuni, vers une heure du matin, en une séance extraordinaire qui dura à peine vingt minutes, le Corps Législatif, après avoir reçu du comte de Palikao, ministre de la Guerre, communication des événements, avait entendu Jules Favre demander de vouloir bien prendre en considération la motion suivante : « Louis-Napoléon Bonaparte et sa dynastie sont déchus des pouvoirs que leur a confiés la Constitution », puis s'était, pour la discussion, ajourné à midi, laissant le champ libre à toutes les suppositions.

(1) L'Impératrice avait la régence depuis le 28 juillet, jour du départ de l'Empereur pour l'armée du Rhin.

(2) La capitulation de Sedan livra aux Allemands 1 maréchal de France, 39 généraux, 86.000 hommes, 10.000 chevaux, 650 pièces d'artillerie et Napoléon III.

« Il y avait là, dit un historien (1), de quoi troubler l'esprit d'une femme. »

Levée dès six heures, après une nuit qu'on devine remplie d'angoisses et de cauchemars, l'infortunée souveraine avait entendu la messe, visité l'ambulance du château, donné plusieurs audiences et, vers neuf heures, présidé le dernier Conseil des ministres.

Avant onze heures, ce Conseil s'était séparé sans avoir rien décidé, sinon d'attendre les événements.

Au déjeuner qui avait suivi et auquel prirent part une quinzaine de familiers, la place de l'Impératrice était restée vide...

Le Corps Législatif ne devait entrer en séance que vers une heure de l'après-midi.

Apparemment, c'était là que se jouerait le dernier acte du drame.

Plus d'Empire ou un coup d'Etat, tels semblaient la douloureuse alternative, l'inéluctable destin. Que devait, en cette occurence, oser la Régente ? Quel allait être son sort, celui de sa dynastie, celui de l'Empire ?

De la foule, déjà massée aux abords du palais, montaient jusqu'à ses appartements des cris furieux : « Déchéance !... République !... »

Et l'Impératrice, à l'approche de l'insondable avenir, hésitait.

Irait-elle, confiante, se réfugier au sein de l'Assemblée ? Jadis Marie-Thérèse d'Autriche avait fait semblable démarche et ne l'avait pas regrettée, mais Louis XVI et Marie-Antoinette s'en étaient si mal trouvés ! (2)

_______________

(1) Taxile Delord, *Histoire du Second Empire*, tome VI, chapitre XI.

(2) En 1741, Marie-Thérèse d'Autriche, menacée de perdre le trône de Hongrie qu'elle venait d'hériter de Charles VI, son père, avait mis son espoir dans la fidélité des Magyars qui, brandissant leurs épées au-dessus de leurs têtes, s'étaient écriés : « *Moriamur pro rege nostro Maria-Theresa !* »
Mais Louis XVI et Marie-Antoinette qui, le 10 août 1792, à la suite de la prise de leur palais par les insurgés, avaient cherché protection dans l'Assemblée, furent suspendus sur l'heure et guillotinés l'année suivante, le Roi, le 21 janvier, la Reine, le 16 octobre.

Appuyée sur sa Garde, encore et malgré tout fidèle, elle pouvait monter à cheval, tenir tête à l'orage, résister, peut-être ?

Un cœur résolu, un esprit énergique, agissant avec opportunité, réussissent, parfois, non seulement à dominer les événements, mais à les conduire.

Il est vrai qu'elle pouvait aussi comme Charles X, comme Louis-Philippe, plus prudents, filer à l'étranger...

Or, au milieu des nouvelles de plus en plus alarmantes que lui envoyaient le ministre de la Guerre, le ministre de l'Intérieur et le préfet de police, Sa Majesté, isolée, était de plus en plus perplexe.

« Lire des dépêches, échanger quelques mots de conversation avec les personnes de son service, rentrer dans son salon et en sortir, faire appeler tantôt l'aide de camp de service, tantôt une de ses dames d'honneur, leur parler à voix basse et leur donner des ordres qu'elle révoque un moment après, écrire des billets aussitôt déchirés que finis, voilà quelles furent ses dernières occupations. » (1)

A deux heures, M. Chevreau vint annoncer l'envahissement du Corps Législatif par la populace.

C'était la proclamation de la République.

C'était la fin du régime impérial.

C'était l'heure fatale.

Avec une extraordinaire dignité, Sa Majesté fit à ses amis « son plus grand salut, celui des grandes circonstances », (2) et se retira dans ses appartements privés où l'accompagnèrent M<sup>me</sup> Lebreton, sa dame d'honneur, le chevalier Nigra, ambassadeur d'Italie, et le prince de Metternich, ambassadeur d'Autriche.

Quelques instants après, vers trois heures et demie, tandis que M. de Cossé-Brissac, son chambellan, appa-

(1) Taxile Delord, op. cit., tome VI, chap. XII.

(2) *La Journée du Quatre-Septembre aux Tuileries*, par Ernest Dréolle.

raissait, irréprochablement correct, pour remercier les personnes présentes et les engager à se retirer, le drapeau du palais était amené, et celle qui fut l'Impératrice des Français, toujours suivie de sa fidèle amie, s'esquivait du trône par le guichet du Louvre qui donne accès sur la place Saint-Germain-l'Auxerrois, et, montant en fiacre à la hâte, allait se réfugier chez un Américain, le docteur Evans, son dentiste.

Ce gentlemen, dans son récit de *l'Evasion de l'Impératrice*, rapporte qu'avant de quitter ses appartements privés S. M. Eugénie s'était arrêtée dans une chambre « remplie de souvenirs d'amour, d'amitié et d'attachement » et que, considérant ces objets auxquels un peu de son cœur de fiancée, de mère et d'épouse restait attaché, elle avait murmuré ces mots : « Est-ce pour la dernière fois ? »

A cette heure presque suprême de sa vie, la malheureuse souveraine se rappela sans doute la journée de triomphe et d'apothéose que fut le 30 janvier 1853 quand, revenant de Notre-Dame, elle apparut aux Français comme la femme de l'Empereur !

Dix-sept ans avaient passé. Les hasards d'une bataille avaient suffi pour tout changer.

Partie de Paris le 5 au matin, l'Impératrice gagnait Deauville, en voiture, le lendemain soir. Embarquée le 7 sur un yacht qui se rendait en Angleterre, elle atteignait Hastings le jeudi 8. Bientôt son fils l'y rejoignait. On sait le reste.

⁂

L'histoire nous révèle que le 30 août 1870, à l'heure où devant Mouzon, le colonel de Contenson et son brave 5ᵉ cuirassiers remplissaient leur mission de sacrifice, afin de retarder un moment la marche victorieuse de l'armée allemande, Napoléon III malade, exténué, prenait sans doute, lui aussi, toutes ses précautions afin de se prémunir, par des placements de père de famille, contre l'adversité dont il avait déjà le pressentiment. L'Empereur n'adressait-il pas, en effet, à Burc, son trésorier, ce télégramme : « J'approuve la distribution de fonds que tu me proposes. Tu remettras le reste à Charles Thelin ? » (1)

Si nous nous sommes aussi longuement étendu sur cette journée fameuse du 4 septembre, c'est qu'une légitime curiosité nous poussait à rechercher, dans l'emploi du temps de l'Impératrice Eugénie, l'heure à laquelle — au milieu des tragiques difficultés de l'Etat, — elle avait pu s'occuper de sauver du naufrage qui menaçait de l'engloutir ses bijoux et ses valeurs.

C'était, nous apprend la lettre signée EUGENIA, la cinquième expédition d'objets divers que Sa Majesté, en prévision de la chute finale adressait à sa mère.

Les mots : «..... da al portador para igual dest*ino* », savoir : «..... au porteur en vue d'une identique occupation », indiquent clairement que l'expéditrice demandait à la destinataire de lui renvoyer son homme de confiance pour continuer le déménagement. Ils dénotent une sécurité relative puisqu'ils contiennent non seulement l'espoir, mais la quasi certitude de durer quelque temps encore. Evidemment l'Impératrice ne croyait pas le régime impérial si près de s'effondrer.

Seule la dernière phrase :

> « Ruegne V. à Dios por la *jugada*
> « y por la suerte de mi Esposo, de *Luis*
> « y vuestra entranable hija, »

trahit les préoccupations politiques et familiales de la Régente, de l'épouse et de la mère.

(1) Taxile Delord, op. cit. tome II, chap. IX.

« Priez Dieu, recommande-t-elle, priez Dieu pour le coup au jeu et pour le coup de fortune de mon époux, de Louis et de votre affectionnée fille. »

Et nous concluons que la lettre à Madame de Montijo fut dictée entre minuit et une heure, un peu avant la séance nocturne du Corps Législatif.

L'Impératrice inquiète du sort de ses bijoux alors que le trône, ébranlé, vacille à ses côtés, n'est-ce pas un peu la peinture de notre état d'âme tour à tour tragique et comique dans les circonstances les plus graves de la vie ?

« Pauvre cœur de l'homme, s'écriait Lamartine, à qui tout est nécessaire de ce qu'il a aimé une fois, et qui a des larmes de la même eau sur la perte d'un empire ou sur la perte d'un animal ! » (1)

⁂

Or, le billet confié par l'Impératrice à Eugène Cuzac pour être remis à Madame de Montijo ne parvint pas à son adresse. Le courrier de Sa Majesté était, en effet, parmi les victimes de la collision de Saint-François.

Mais pourquoi Cuzac ne se mit-il pas en route le 4 septembre, comme il semble que ce fût son devoir ? Pourquoi attendit-il jusqu'au 19, c'est-à-dire pendant quinze jours avant d'obéir aux ordres de sa souveraine ?

Rien ne nous renseigne à ce sujet.

Seulement, nombre de ceux qui voyagent, porteurs de fortes sommes, s'imaginent volontiers que leur argent se voit, que nul n'ignore leur cas et que, conséquemment, leur vie est en danger. D'un autre côté, les gens de sac et de corde, les malandrins pullulent plus que jamais quand des événements comme ceux d'alors permettent de croire

(1) Lamartine, *Raphaël*, in-18 jésus, page 188.

qu'il sera possible, au moins pendant un jour, de pêcher impunément en eau trouble. Si bien que Cuzac se jugeant deviné, surveillé, menacé, se tint, peut-être, afin de dépister les curieux, caché dans Paris.

Nous pouvons supposer encore que l'intelligent messager — surpris par la soudaineté autant que par la gravité des événements qui précipitaient l'Empire dans le gouffre presque au moment précis où l'Impératrice l'envoyait en mission, et craignant, à juste titre, de ne pouvoir, avant longtemps, rentrer dans la capitale, — avait trouvé prudent de mettre ordre, avant tout, à ses affaires personnelles.

Traversant ensuite les lignes allemandes qui investissaient la ville, Cuzac avait avec adresse évité l'indiscrétion d'un ennemi un peu trop enclin à détrousser nos compatriotes et s'était embarqué à Dourdan avec un soupir de demi-soulagement.

Le plus gros péril, dès lors, semblait, en effet, conjuré.

Et voici que le pauvre messager était venu mourir obscurément dans un vulgaire accident de chemin de fer et que Sa Majesté, sans nouvelles de lui, l'avait cru, peut-être, coupable d'indélicatesse ! (1)

(1) Le 23 juin 1898, nous écrivîmes en ces termes à l'ex-Impératrice Eugénie à Camden-House, Chiselhurst (comté de Kent, Angleterre) :

« Madame,
« Que Votre Majesté me pardonne de réveiller de cruels souvenirs ! Aussi bien les nouvelles que j'apporte auront peut-être pour Elle quelque intérêt. »

Ainsi commençait la lettre qui détaillait ensuite la collision du 20 septembre, la découverte (au cimetière de La Salle) des documents que l'on sait et la mort d'Eugène Cuzac, et qui finissait par cette phrase :

« Je tenais particulièrement à exposer ces faits à Votre Majesté pour deux motifs principaux : d'abord afin de réhabiliter la mémoire d'un serviteur sur la fidélité duquel Votre Majesté avait pu concevoir des doutes fâcheux ; ensuite parce que j'estime que rien de ce qui a intéressé Votre Majesté en 1870, au lendemain du jour où Elle quittait la France, ne saurait lui être indifférent, même après vingt-huit ans ! »

Mais, soit que la lettre n'ait pas touché la destinataire, soit que la destinataire s'en soit désintéressée ou même qu'elle l'ait dédaignée, nous ne reçûmes jamais de réponse.

*<br>* *

Le nom d'Eugène Cuzac ne figurant point parmi les victimes de la collision dont l'identité fut établie, nous l'avons cherché parmi les inconnus.

Or, selon le chef de train du convoi tamponné, nommé Kintz — que nous avons connu et interrogé — dans un compartiment du dernier wagon se trouvaient deux personnes, homme et femme, qui parlaient entre elles une langue étrangère. A plusieurs reprises, pendant les arrêts, l'employé causa avec ces voyageurs. Ils ne se cachaient pas de se rendre en Espagne et il y a toutes raisons d'affirmer que les inconnus dont le linge — à la suite d'un examen hâtif et superficiel — fut reconnu marqué C. C. et M. C. étaient les époux Cuzac.

Quant aux objets et valeurs désignés à l'inventaire, nul n'a jamais su ou mieux nul n'a jamais dévoilé ce qu'il en était advenu.

Ayant nous-même cherché à éclaircir ce mystère, il nous fut bien conté tout près de l'oreille, avec des noms à l'appui, que les trésors de Sa Majesté n'avaient pas été perdus pour tout le monde et que certaines gens des environs du Plessis-lès-Tours — devenus riches subitement sans qu'on puisse s'expliquer leur fortune — avaient dû les trouver, au moins en partie, et les utiliser...

Mais des investigations sur ce terrain dépassent le rôle du chroniqueur, empiètent sur celui du juge d'instruction, et nous nous souvenons du proverbe populaire : « A chacun son métier, les vaches seront bien gardées ! »

Il y a d'ailleurs, et depuis longtemps, prescription !

*<br>* *

Quoi qu'il en soit, nous avions arrêté là notre travail

et nous le conservions enfermé dans nos tiroirs avec bien d'autres élucubrations (1) lorsque la question des « bijoux de l'Impératrice » fut, en 1903, portée à la connaissance du public par le correspondant du *Petit Journal* à Béziers, de la façon suivante :

Béziers, 27 août.

« On vient de trouver, scellée dans le mur d'enceinte du petit cimetière d'Olargues, une bouteille contenant un document extrêmement curieux et dont voici, du reste, le contenu :

« Relation des valeurs contenues dans la cassette re-
« mise ce jour, par ordre de Sa Majesté l'Impératrice, à
« Louis Bassols, pour qu'il la transporte au château de la
« comtesse de Montijo, à Madrid, et qu'il ordonne de la
« mettre en lieu bien sûr. »

« Suit le détail des objets, énumérés sur une vieille feuille de papier pelure :

« Un collier perles et émeraudes, hommage de Sa Majes-
« té l'empereur de toutes les Russies ; un bracelet style
« florentin, hommage de Sa Majesté le roi d'Italie ; une
« rivière de diamants, hommage de Sa Majesté le vice-roi
« d'Egypte ; une montre en or, à répétition, avec miniature
« fine, hommage de Sa Majesté la reine Victoria d'Angle-
« terre ; dix-huit brillants pesant ensemble quarante-deux
« carats, et cinq millions en billets de la Banque de France,

---

(1)  « Si quid tamen olim
« Scripseris, in Mœci descendat judicis aures,
« Et patris, et nostras, nonumque prematur in annum
« Membranis intus positis ; delere licebit
« Quod non edideris, nescit vox missa reverti. »

HORACE, *Art poétique.*

« le tout représentant une valeur d'au moins huit millions.

« Louis Bassols a signé, dans cette chancellerie, le dou-
« ble de cet inventaire, lequel sera détruit dès que Madame
« la Comtesse de Montijo aura accusé réception des valeurs.

« Paris, palais des Tuileries, le 4 septembre 1870. »

« Une signature illisible suit au-dessous de la mention :
« Le Grand Chambellan du Palais », faite avec un timbre humide.

« Le sceau de la chancellerie impériale figure à gauche
de la signature, qu'il a été impossible de déchiffrer.

« Pourquoi ce document, s'il est authentique, se trouve-
t-il dans le mur ?

« Les valeurs n'auraient donc pas été transportées en
Espagne et, peut-être, se trouveraient-elles cachées ?

« C'est là, dans tous les cas, un mystère à éclaircir. »

Tout naturellement nous répondions, le 28, à cet arti-
cle par le narré succinct de la découverte de 1882 au cimetière de La Salle. Deux jours après, le *Petit Journal*
répliquait comme ci-dessous :

« D'aimables lecteurs nous signalent que des trouvailles
analogues ont été faites sur différents points du territoire ;
ils veulent bien préciser certains détails qui complètent
le récit de notre correspondant. Et cependant, il faut bien
le dire, le mystère est loin d'être éclairci, si tant est même
que les ténèbres qui l'entourent ne s'en trouvent point
augmentées.

« Parlons tout d'abord d'une lettre fort documentée qui
nous est adressée par M. Donatien Yvonneau, de Tours.

« M. Yvonneau conclut à l'authenticité du document
trouvé à Olargues, s'appuyant sur ce fait qu'en 1882, deux
documents furent exhumés au cimetière de La Salle, près
de Tours, par des ouvriers occupés à un terrassement.

« Ces deux documents étaient : 1° une lettre au chiffre

de l'Impératrice, en espagnol, signée Eugénia, et adressée à la comtesse de Montijo, à qui elle signalait le départ pour Madrid de son courrier, Eugène Cuzac, avec la 5e *expédition* ; 2° un bordereau d'inventaire des bijoux confiés au porteur (estimés 800,000 francs environ).

« M. Donatien Yvonneau nous apprend, en outre, cette curieuse circonstance : Eugène Cuzac, le courrier, mourut le 20 septembre 1870 dans un accident de chemin de fer, et fut inhumé avec ce qu'il avait sur lui au moment de la catastrophe... donc avec la bouteille contenant les documents impériaux.

« N'avait-il donc pu remplir sa mission, et dans ce cas, que devinrent les bijoux ?...

« Cuzac, selon le document qu'il portait sur lui, était chargé de la *cinquième expédition*, et cela nous explique la multiplicité des trouvailles.

« Car nous ne sommes pas au bout !

« En effet, dans une autre communication intéressante, M. Causse, de Cannes, nous raconte que vers 1873, il découvrit, lui aussi, au cimetière protestant de Saint-Hippolyte-du-Fort (Gard), une autre bouteille contenant un inventaire de bijoux impériaux signé « Bassano ». Et M. Causse apprit plus tard qu'un document analogue venait d'être trouvé à proximité du cimetière de Ganges (Hérault).

« A Saintes, enfin, un de nos lecteurs, M. Lacour, a possédé un de ces inventaires dont il nous donne la copie suivante :

INVENTAIRE DES BIJOUX ET VALEURS REMIS PAR LE GRAND CHAMBELLAN DU PALAIS A M. THÉODORE LEZCANO, SELON L'ORDRE DE L'IMPÉRATRICE.

Etui n° 30. — Grand'croix de la Légion d'honneur, souvenir de Napoléon 1er, valeur. . . . . . . . . . . . . . Fr.     320.000

Etui n° 47. — Bracelet garni de perles et
    émeraudes, cadeau de S. M. la reine
    d'Angleterre, valeur . . . . . . . .        80.000
Etui n° 506. — Parure complète garnie de
    perles, valeur . . . . . . . . . .        240.000
Etui n° 727. — Six bagues d'un grand mérite
    artistique, valeur. . . . . . . . .       540.000
Paquets de billets de la Banque de France,
    valeur . . . . . . . . . . . . .       2.140.000

Paris, palais des Tuileries, le 4 septembre 1870.

*Le Grand-Chambellan du Palais,*

Duc de Bassano.

« Ici encore, on le voit, c'est le duc de Bassano qui a
signé le document, et son nom est précédé du titre de
grand chambellan du Palais.

« Aisément, on peut reconstituer la scène qui précéda la
mise en route de ces diverses expéditions. Le 4 septembre 1870, c'est l'écroulement d'un trône et, parmi les
courses affolées dans le palais des Tuileries, la précaution
prise d'assurer la vie matérielle aux souverains qu'attend
l'exil...

« Soit, mais comment expliquer que ces inventaires et
les lettres les accompagnant, qui eussent dû être remis à
destination avec les bijoux et l'argent confiés aux courriers de l'Impératrice, aient tous échoué dans des mu-
railles de cimetières, protégés par la paroi de verre
d'une bouteille contre les injures du temps ?... Les mis-
sions n'auraient-elle pas été remplies ?... Si fait, puisque
partie au moins des bijoux énumérés ont été vendus par
l'Impératrice Eugénie depuis lors.

« Pour tout dire, une autre des communications qui nous
sont parvenues nous affirme que le document trouvé à

Olargues est apocryphe si le timbre humide précédant la signature porte la mention : « le grand chambellan du Palais ». Raison : le titre n'existait pas, nous dit-on, à la cour impériale, où il y avait seulement un grand « maréchal du Palais » et des « chambellans de l'Empereur. »

« Un dictionnaire, ouvert par nous, s'il ne donne pas raison à notre correspondant occasionnel... ne lui donne pas tout à fait tort : Le duc de Bassano, en effet, fut bien *grand* chambellan sinon du Palais, du moins de l'Empereur.

« Comme nous le disions en commençant, le mystère subsiste tout entier et, sans doute, les seules personnes qui soient à même de le dissiper sont tenues à une absolue discrétion... Donc, attendons sans impatience qu'une nouvelle trouvaille remette d'actualité cette vieille histoire. »

* *<br>* *

Nous n'ajouterons que peu de chose à nos précédents commentaires.

Dans notre réponse un peu précipitée au *Petit Journal,* nous avions conclu à l'authenticité des documents trouvés.

Après une nouvelle étude de la question notre opinion n'a pas varié, s'est tout au contraire fortifiée.

Lancés vers le même but, les courriers de l'Impératrice ne suivirent, cependant, pas tous le même itinéraire. Eugène Cuzac prit la ligne Paris-Vendôme-Tours, et son intention était, fort probablement, de gagner l'Espagne par Poitiers, Bordeaux, Bayonne. Mais d'autres prirent aussi le chemin des écoliers : tels ceux-là dont la mission, sinon la vie, semble s'être terminée dans le Midi, au pied des collines rocheuses et boisées des Cévennes.

Ils étaient sans doute sortis de Paris par la gare de Lyon, avaient emprunté le P.-L.-M. jusqu'à Tarascon et

Nîmes. Là, quittant la voie ferrée qui, longeant le littoral, les eût plus rapidement conduits à la frontière espagnole, ils avaient dû s'engager, à pied, sur la grand'route mi-nationale, mi-départementale, qui par Le Vigan, Lodève, Saint-Pons, Narbonne, relie le chef-lieu du Gard à celui des Pyrénées-Orientales. Or, voici que Saint-Hippolyte, Ganges, Olargues, à cheval sur cette route, avaient été, pour trois messagers au moins, les étapes dernières ! (1)

Nous sommes en plein, ici, dans le domaine de l'hypothèse, et le simple récit des faits est suffisamment dramatique pour que nous n'y ajoutions rien de notre invention.

Mais qui dira jamais combien Eugénie de Guzman, Impératrice des Français, envoya de courriers à la comtesse de Montijo, sa mère, le 4 septembre 1870 ; combien de ces fidèles serviteurs purent remplir intégralement leur mission et quelles furent leurs aventures ?

Qui le sait ?

Ah ! si Ponson du Terrail vivait encore, quel roman il saurait faire surgir de cette pathétique histoire !



(1) St-Hippolyte-du-Fort, chef-lieu de canton du Gard, arrondissement de Le Vigan ; — Ganges, chef-lieu de canton de l'Hérault, arrondissement de Montpellier ; — Olargues, chef-lieu de canton de l'Hérault, arrondissement de St-Pons.